школа - Šola	2
подорож - Potovanje	5
транспорт - Prevoz	8
місто - Mesto	10
ландшафт - Pokrajina	14
ресторан - Restavracija	17
супермаркет - Supermarket	20
напої - Pijače	22
їжа - Hrana	23
ферма - Kmetija	27
дім - Hiša	31
вітальня - Dnevna soba	33
кухня - Kuhinja	35
ванна кімната - Kopalnica	38
дитяча кімната - Otroška soba	42
одяг - Oblačilo	44
офіс - Pisarna	49
економіка - Gospodarstvo	51
професії - Poklici	53
інструменти - Orodje	56
музичні інструменти - Glasbeni instrument	57
зоопарк - Živalski vrt	59
спорт - Šport	62
дії - Dejavnosti	63
сім'я - Družina	67
тіло - Telo	68
лікарня - Bolnišnica	72
аварійний випадок - Nujni primer	76
Земля - Zemlja	77
годинник - Ura	79
тиждень - Teden	80
рік - Leto	81
форми - Oblike	83
фарби - Barve	84
протилежності - Nasprotja	85
числа - Števila	88
мови - Jeziki	90
хто / що / як - Kdo / kaj / kako	91
де - Kje	92

Impressum
Verlag: BABADADA GmbH, Nedderfeld 112 , 22529 Hamburg
Geschäftsführer / Verlagsleitung: Harald Hof
Druck: Books on Demand GmbH, In de Tarpen 42, 22848 Norderstedt

Imprint
Publisher: BABADADA GmbH, Nedderfeld 112 , 22529 Hamburg, Germany
Managing Director / Publishing direction: Harald Hof
Print: Books on Demand GmbH, In de Tarpen 42, 22848 Norderstedt, Germany

школа
Šola

класна кімната
Razred

ділити
Deljenje

186/2

дошка
Tabla

шкільний двір
Šolsko dvorišče

вчитель
Učitelj

папір
Papir

писати
Pisati

ручка
Pisalo

письмовий стіл
Pisalna miza

лінійка
Ravnilo

книга
Knjiga

учень
Učenec

ранець

Šolska torba

пенал

Peresnica

олівець

Svinčnik

точило

Šilček

гумка

Radirka

альбом для малювання

Risalni blok

малюнок

Risba

пензель

Čopič

коробка фарб

Vodene barvice

ножиці

Škarje

клей

Lepilo

зошит

Zvezek

домашнє завдання

Domača naloga

число

Število

додавати

Seštevanje

віднімати

Odštevanje

множити

Množenje

рахувати

Računanje

літера

Črka

абетка

Abeceda

слово

Beseda

текст

Besedilo

читати

Brati

крейда

Kreda

година

Učna ura

класний журнал

Redovalnica

екзамен

Preizkus znanja

диплом

Spričevalo

шкільна форма

Šolska uniforma

освіта

Izobrazba

лексикон

Enciklopedija

університет

Univerza

мікроскоп

Mikroskop

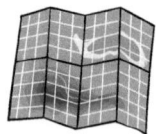

карта

Zemljevid

кошик для паперу

Koš za smeti

школа - Šola

подорож

Potovanje

готель
Hotel
Grand
турбаза
Hostel
ROOMS
обмінний пункт
Menjalnica
валіза
Kovček
автомобіль
Avtomobil

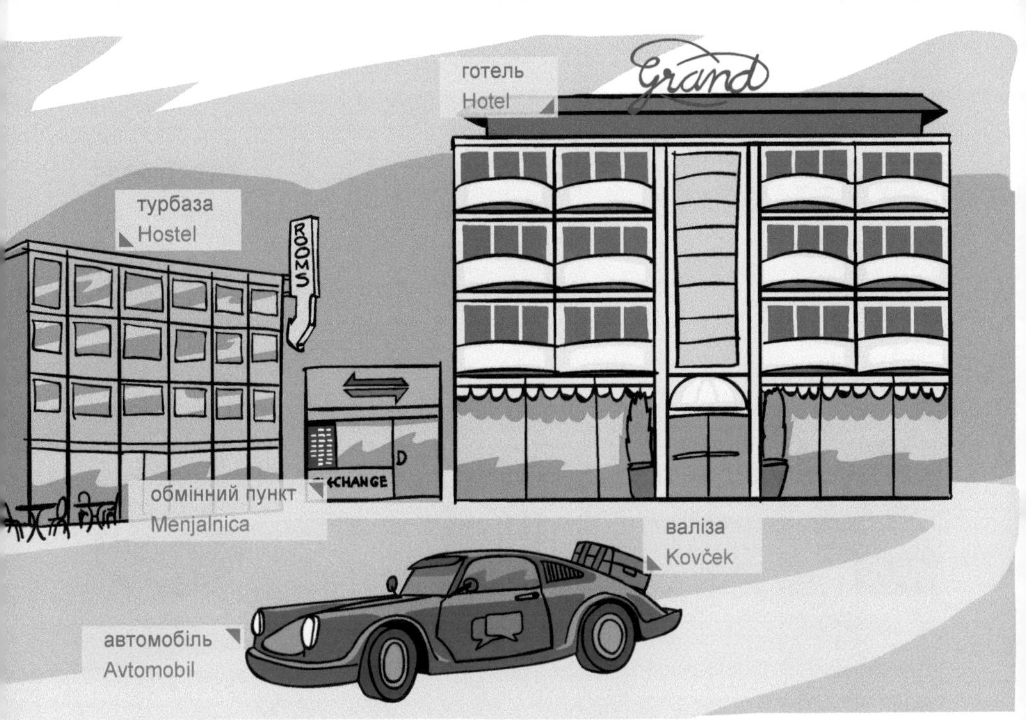

мова

Jezik

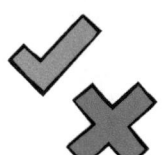

так / ні

da / ne

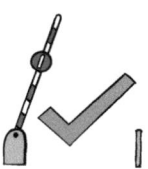

добре

Prav

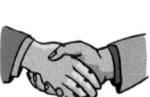

привіт

Pozdravljeni

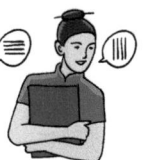

перекладач

Prevajalec

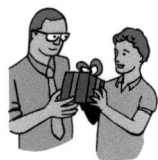

дякую

Hvala

Скільки коштує ...?

Koliko stane...?

Я не розумію

Ne razumem

проблема

Težava

Добрий вечір!

Dober večer!

Доброго ранку!

Dobro jutro!

На добраніч!

Lahko noč!

До побачення

Nasvidenje

напрямок

Smer

багаж

Prtljaga

сумка

Torba

рюкзак

Nahrbtnik

гість

Gost

кімната

Soba

спальний мішок

Spalna vreča

намет

Šotor

туристична інформація

Turistične informacije

пляж

Plaža

кредитна картка

Kreditna kartica

сніданок

Zajtrk

обід

Kosilo

вечеря

Večerja

квиток

Vozovnica

ліфт

Dvigalo

поштова марка

Znamka

межа

Meja

митниця

Carina

посольство

Veleposlaništvo

віза

Vizum

паспорт

Potni list

транспорт
Prevoz

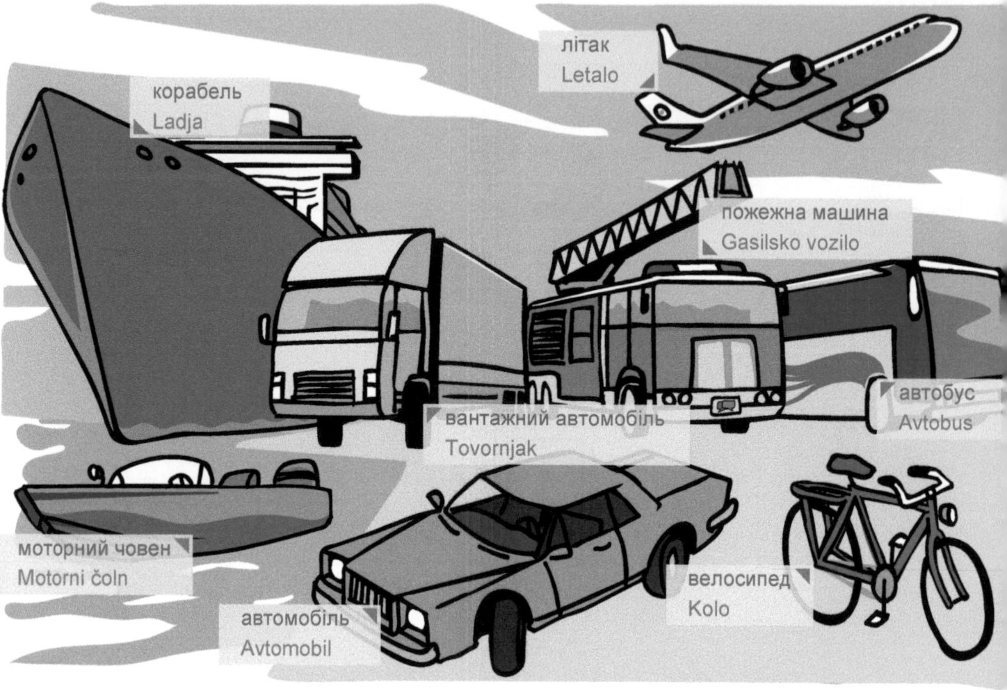

корабель
Ladja
літак
Letalo
пожежна машина
Gasilsko vozilo
автобус
Avtobus
вантажний автомобіль
Tovornjak
моторний човен
Motorni čoln
автомобіль
Avtomobil
велосипед
Kolo

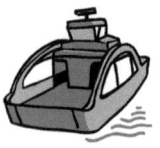

пором

Trajekt

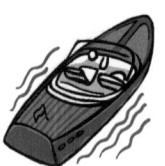

човен

Čoln

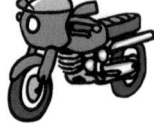

мотоцикл

Motorno kolo

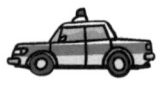

поліцейська машина

Policijski avto

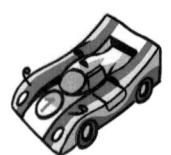

гоночний автомобіль

Dirkalni avto

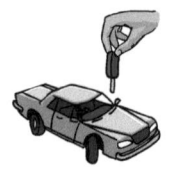

автомобіль на прокат

Najeto vozilo

льне користування авто

Souporaba avtomobila

евакуатор

Avtovleka

сміттєвоз

Smetarsko vozilo

двигун

Motor

паливо

Gorivo

автозаправна станція

Bencinska postaja

дорожній знак

Prometni znak

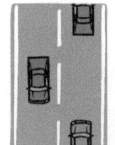

рух

Promet

затор

Zastoj

стоянка

Parkirišče

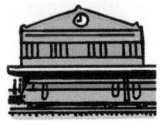

вокзал

Železniška postaja

рейки

Tirnice

потяг

Vlak

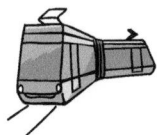

трамвай

Tramvaj

вагон

Vagon

гелікоптер

Helikopter

аеропорт

Letališče

вежа

Stolp

пасажир

Potnik

контейнер

Kontejner

коробка

Karton

візок

Voziček

кошик

Košara

стартувати / приземлятися

vzleteti / pristati

місто

Mesto

село

Vas

центр міста

Mestno jedro

дім

Hiša

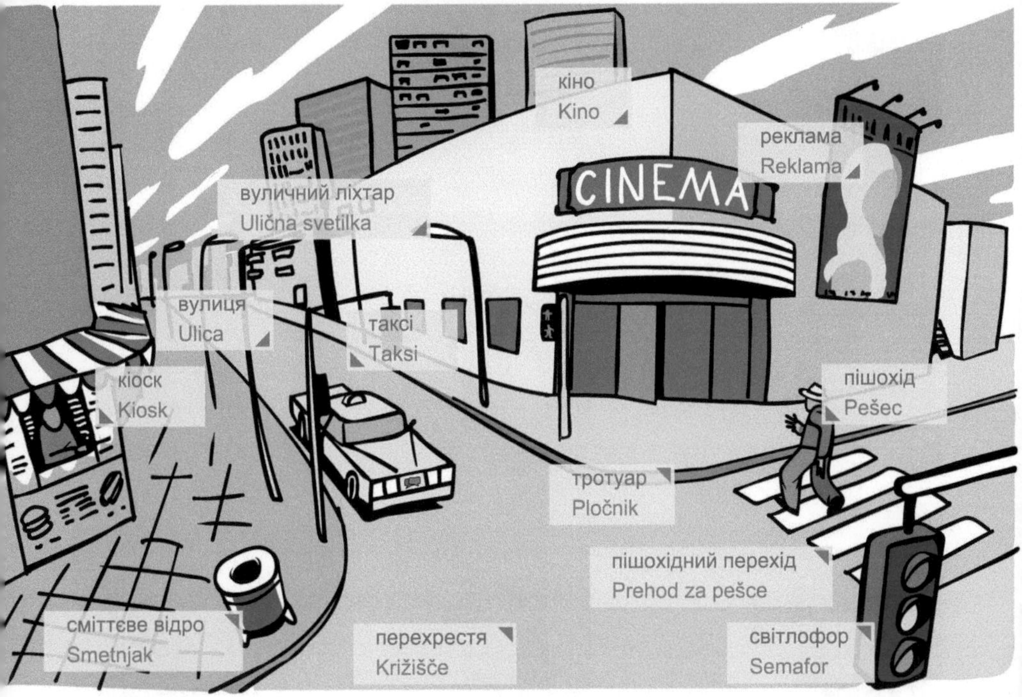

кіно
Kino
реклама
Reklama
CINEMA
вуличний ліхтар
Ulična svetilka
вулиця
Ulica
таксі
Taksi
кіоск
Kiosk
пішохід
Pešec
тротуар
Pločnik
пішохідний перехід
Prehod za pešce
сміттєве відро
Smetnjak
перехрестя
Križišče
світлофор
Semafor

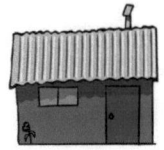

хатина

Koča

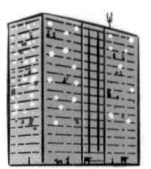

квартира

Stanovanje

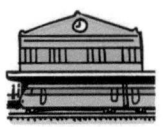

вокзал

Železniška postaja

ратуша

Mestna hiša

MUSEUM

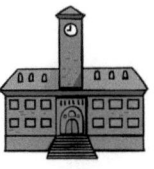

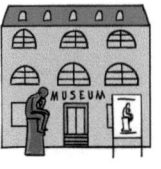

музей

Muzej

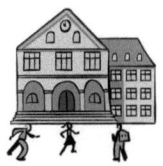

школа

Šola

університет

Univerza

банк

Banka

лікарня

Bolnišnica

готель

Hotel

аптека

Lekarna

офіс

Pisarna

книжковий магазин

Knjigarna

магазин

Trgovina

квітковий магазин

Cvetličarna

супермаркет

Supermarket

ринок

Tržnica

універмаг

Veleblagovnica

торговець рибою

Ribarnica

торговельний центр

Nakupovalno središče

гавань

Pristanišče

місто - Mesto

парк

Park

лава

Klop

міст

Most

сходи

Stopnice

метро

Podzemna železnica

тунель

Predor

автобусна зупинка

Avtobusno postajališče

бар

Bar

ресторан

Restavracija

поштова скринька

Poštni nabiralnik

вулична табличка

Ulična tabla

лічильник паркування

Parkirna ura

зоопарк

Živalski vrt

басейн

Kopališče

мечеть

Mošeja

ферма
Kmetija

забруднення
навколишнього
середовища
Onesnaževanje

кладовище
Pokopališče

церква
Cerkev

дитячий майданчик
Otroško igrišče

храм
Tempelj

ландшафт
Pokrajina

листок
List

вказівний стовп
Kažipot

шлях
Pot

луг
Travnik

камінь
Kamen

дерево
Drevo

мандрівник
Pohodnik

річка
Reka

трава
Trava

квітка
Cvetlica

долина

Dolina

гора

Hrib

озеро

Jezero

ліс

Gozd

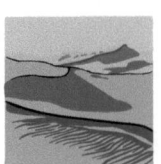

пустеля

Puščava

вулкан

Vulkan

замок

Grad

веселка

Mavrica

гриб

Goba

пальма

Palma

комар

Komar

муха

Muha

мурашка

Mravlja

бджола

Čebela

павук

Pajek

жук

Hrošč

жаба

Žaba

вивірка

Veverica

їжак

Jež

заєць

Zajec

сова

Sova

птах

Ptič

лебідь

Labod

кабан

Divji prašič

олень

Jelen

лось

Los

гребля

Jez

вітряк

Vetrnica

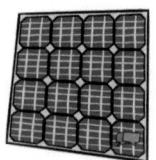

сонячний модуль

Solarna plošča

клімат

Podnebje

ресторан
Restavracija

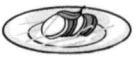

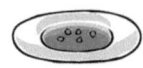

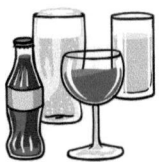

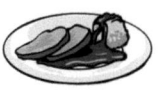

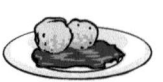

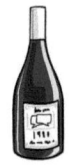

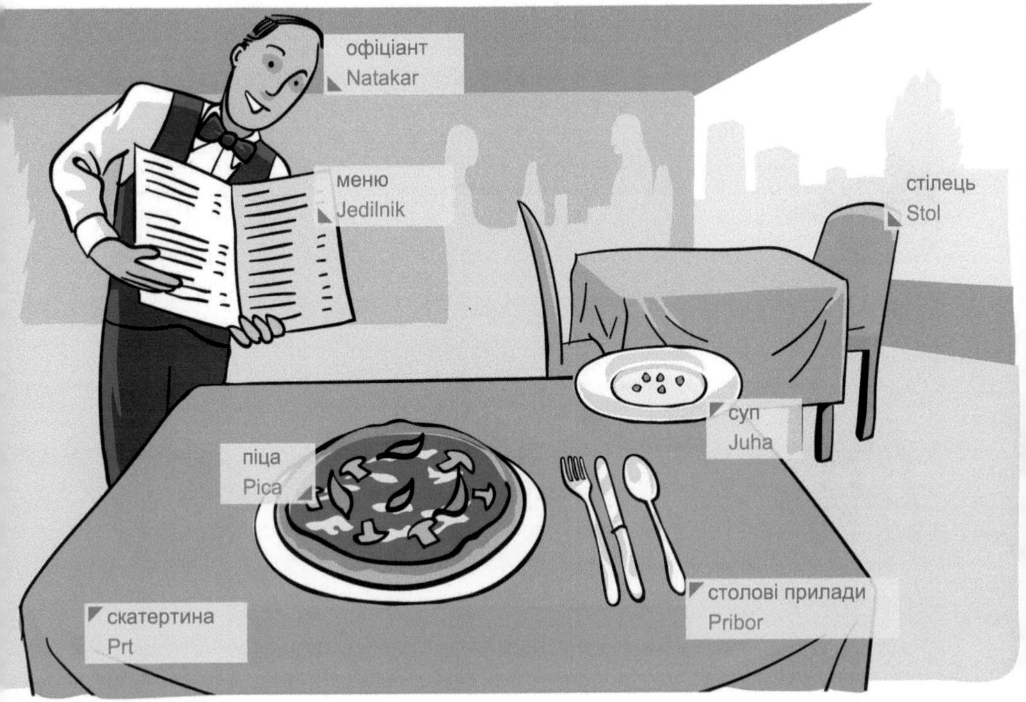
офіціант
Natakar
меню
Jedilnik
стілець
Stol
суп
Juha
піца
Pica
столові прилади
Pribor
скатертина
Prt

закуска

Predjed

друга страва

Glavna jed

десерт

Sladica

напої

Pijače

їжа

Hrana

пляшка

Steklenica

фаст-фуд

Hitra hrana

вулична їжа

Ulična hrana

чайник

Čajnik

цукорниця

Sladkornica

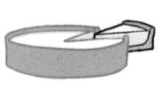

порція

Porcija

еспресо-машина

Aparat za espresso

високий стільчик

Stolček za hranjenje

рахунок

Račun

піднос

Pladenj

ніж

Nož

вилка

Vilica

ложка

Žlica

чайна ложка

Čajna žlička

серветка

Servieta

склянка

Kozarec

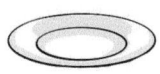

тарілка

Krožnik

тарілка для супу

Globoki krožnik

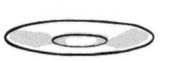

блюдце

Krožniček

соус

Omaka

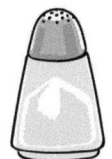

солонка

Solnica

млин для перцю

Mlinček za poper

оцет

Kis

масло

Olje

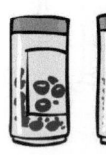

спеції

Začimbe

кетчуп

Kečap

гірчиця

Gorčica

майонез

Majoneza

супермаркет
Supermarket

пропозиція
Posebna ponudba
FOR
клієнт
Stranka
молочні продукти
Mlečni izdelki
фрукти
Sadje
візок для покупок
Nakupovalni voziček

BUTCHERS

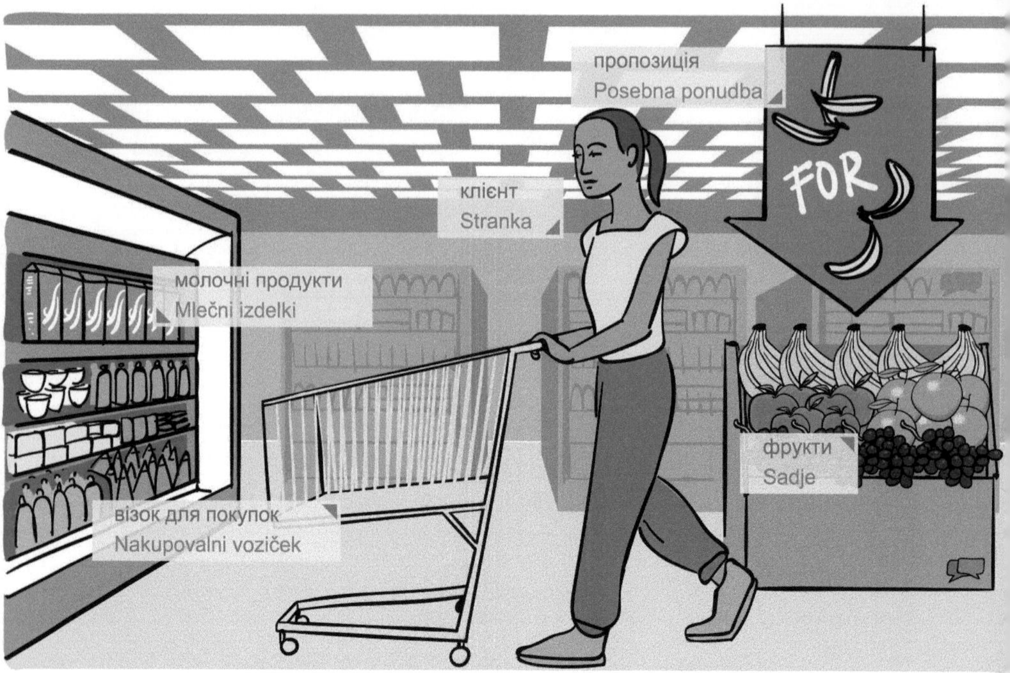

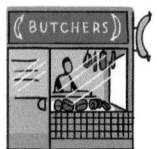

м'ясний магазин

Mesnica

BAKERY

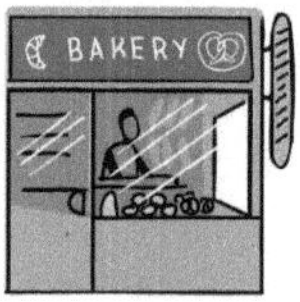

пекарня

Pekarna

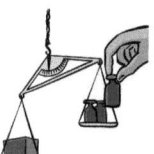

зважувати

Tehtati

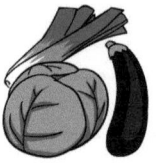

овочі

Zelenjava

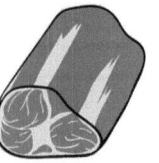

м'ясо

Meso

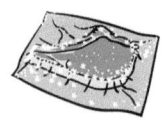

заморожені продукти

Zamrznjena hrana

ковбасна нарізка

Hladne mesnine

консерви

Konzerve

пральний порошок

Pralni prašek

солодощі

Sladkarije

предмети домашнього побуту

Gospodinjski izdelki

мийний засіб

Čistilno sredstvo

продавщиця

Prodajalka

каса

Blagajna

касир

Blagajnik

список покупок

Nakupovalni seznam

часи роботи

Delovni čas

гаманець

Denarnica

кредитна картка

Kreditna kartica

сумка

Torba

поліетиленовий пакет

Plastična vrečka

вода

Voda

сік

Sok

молоко

Mleko

кола

Kola

вино

Vino

пиво

Pivo

алкоголь

Alkohol

какао

Kakav

чай

Čaj

кава

Kava

еспресо

Espresso

капучіно

Kapučino

банан

Banana

яблуко

Jabolko

апельсин

Pomaranča

кавун

Lubenica

лимон

Limona

морква

Korenje

часник

Česen

бамбук

Bambus

цибуля

Čebula

гриб

Goba

горішки

Oreščki

локшина

Rezanci

спагеті

Špageti

рис

Riž

салат

Solata

картопля фрі

Ocvrt krompirček

смажена картопля

Pečen krompir

піца

Pica

гамбургер

Hamburger

бутерброд

Sendvič

шніцель

Zrezek

шинка

Šunka

салямі

Salama

ковбаса

Klobasa

курка

Piščanec

печеня

Pečenka

риба

Riba

вівсяні пластівці

Ovseni kosmiči

мюслі

Musli

кукурудзяні пластівці

Koruzni kosmiči

борошно

Moka

круасан

Rogljiček

булочка

Žemlja

хліб

Kruh

тостовий хліб

Prepečenec

печиво

Piškoti

масло

Maslo

сир

Skuta

пиріг

Torta

яйце

Jajce

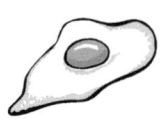

яєчня

Pečeno jajce na oko

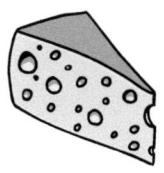

сир

Sir

морозиво

Sladoled

цукор

Sladkor

мед

Med

мармелад

Marmelada

нуга-крем

Čokoladni namaz

карі

Kari

ферма
Kmetija

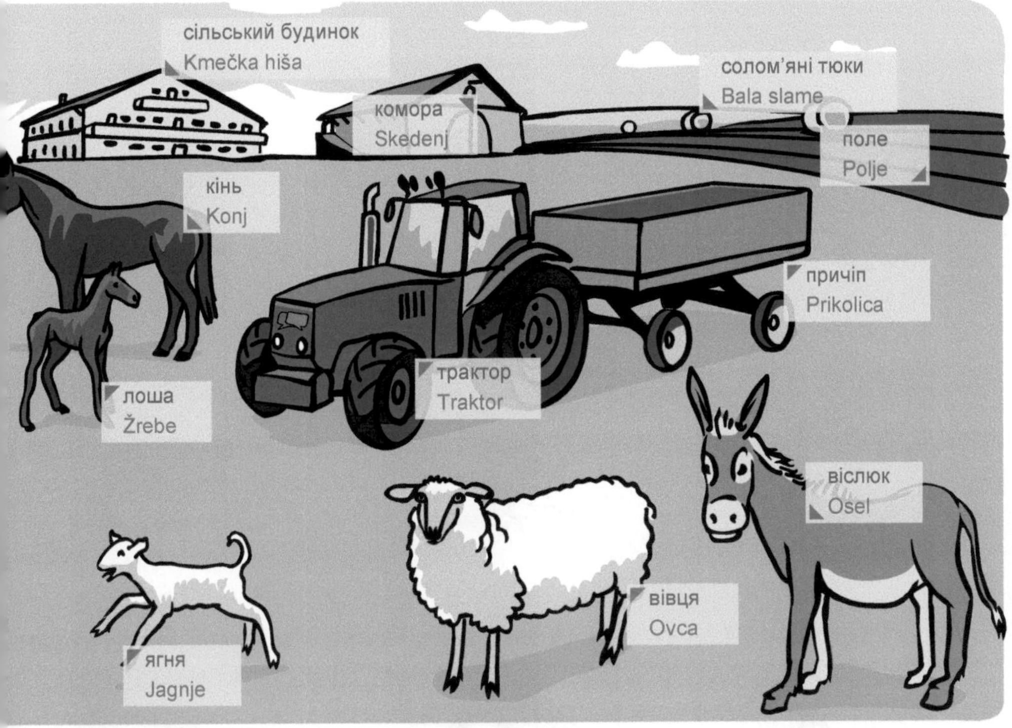
сільський будинок
Kmečka hiša
комора
Skedenj
солом'яні тюки
Bala slame
поле
Polje
кінь
Konj
причіп
Prikolica
лоша
Žrebe
трактор
Traktor
віслюк
Osel
вівця
Ovca
ягня
Jagnje

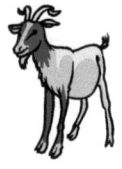

коза

Koza

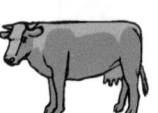

корова

Krava

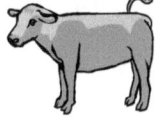

теля

Tele

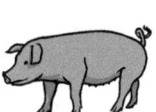

свиня

Prašič

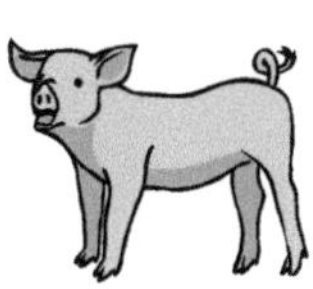

порося

Pujsek

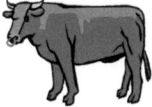

бик

Bik

гусак

Gos

качка

Raca

курча

Piščanec

курка

Kokoš

півень

Petelin

щур

Podgana

кіт

Mačka

миша

Miš

віл

Vol

собака

Pes

собача будка

Pasja uta

садовий шланг

Cev za zalivanje

лійка

Kangla za zalivanje

коса

Kosa

плуг

Plug

серп

Srp

мотика

Motika

вила

Vile

сокира

Sekira

тачка

Samokolnica

корито

Korito

бідон молока

Kangla za mleko

мішок

Vreča

паркан

Ograja

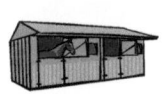

хлів

Hlev

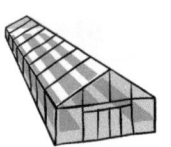

теплиця

Rastlinjak

ґрунт

Prst

насіння

Seme

добриво

Gnojilo

комбайн

Kombajn

пожинати

Žeti

урожай

Žetev

корінь ямсу

Jam

пшениця

Pšenica

соя

Soja

картопля

Krompir

кукурудза

Koruza

ріпак

Oljna ogrščica

плодове дерево

Sadno drevo

маніок

Maniok

злаки

Žito

дім

Hiša

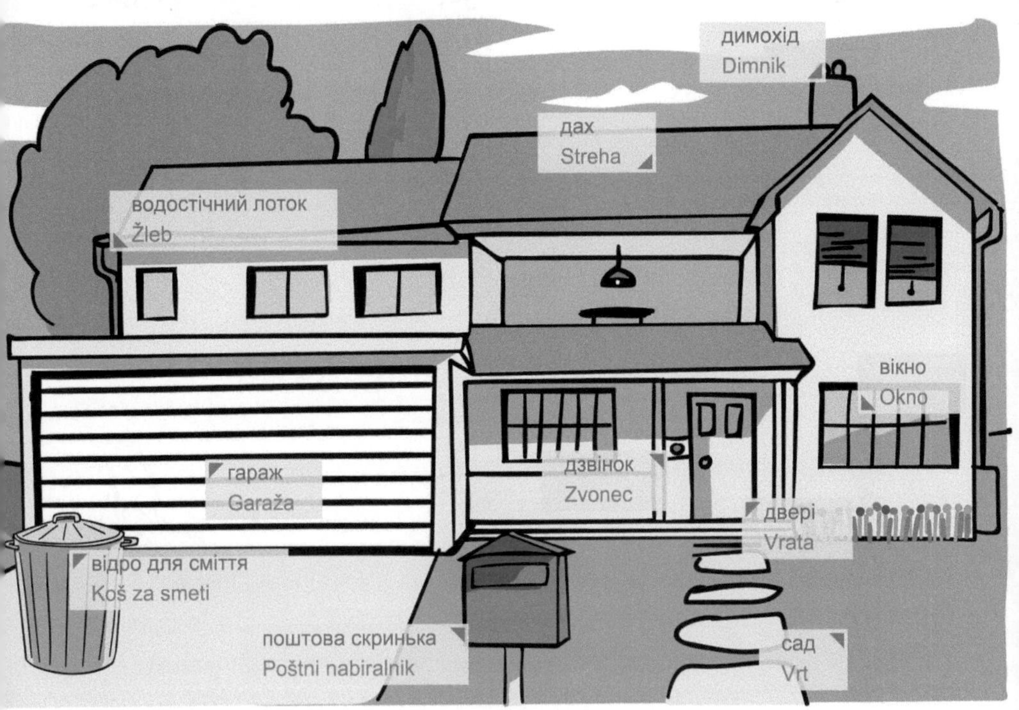

димохід
Dimnik
дах
Streha
водостічний лоток
Žleb
вікно
Okno
гараж
Garaža
дзвінок
Zvonec
двері
Vrata
відро для сміття
Koš za smeti
поштова скринька
Poštni nabiralnik
сад
Vrt

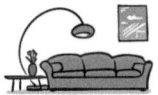

вітальня

Dnevna soba

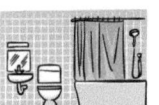

ванна кімната

Kopalnica

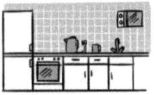

кухня

Kuhinja

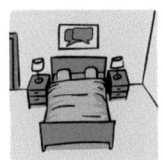

спальня

Spalnica

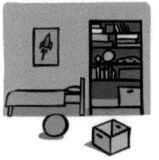

дитяча кімната

Otroška soba

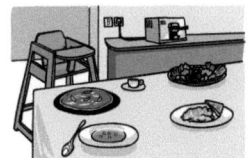

їдальня

Jedilnica

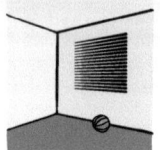

підлога
Tla

стіна
Stena

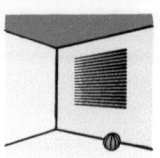

стеля
Strop

підвал
Klet

сауна
Savna

балкон
Balkon

тераса
Terasa

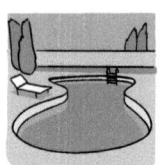

басейн
Bazen

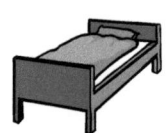

косарка
Kosilnica

простирало
Rjuha

ковдра
Posteljno pregrinjalo

ліжко
Postelja

мітла
Metla

відро
Vedro

перемикач
Stikalo

вітальня
Dnevna soba

шпалери
Tapeta
малюнок
Slika
лампа
Svetilka
поличка
Polica
шафа
Omara
телевізор
Televizor
камін
Kamin
квітка
Cvetlica
подушка
Blazina
диван
Zofa
ваза
Vaza
пульт
Daljinski upravljalnik

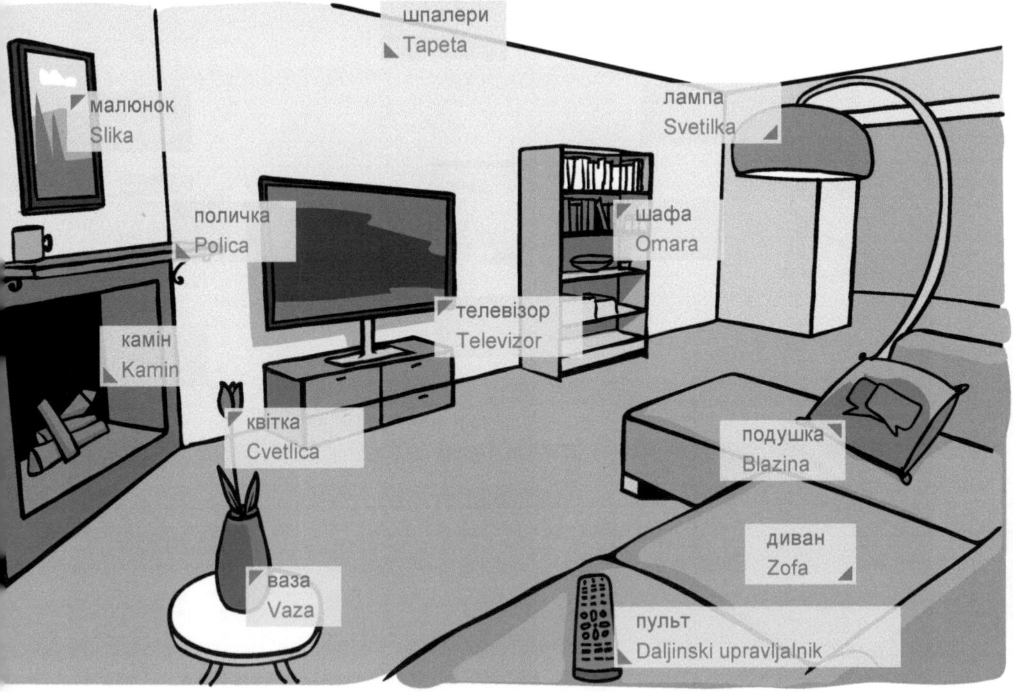

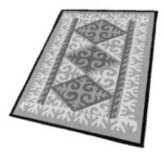

килим
Preproga

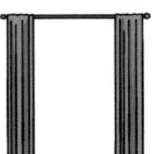

завіса
Zavesa

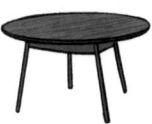

стіл
Miza

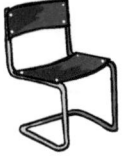

стілець
Stol

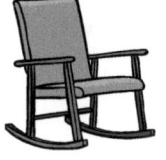

крісло-гойдалка
Gugalnik

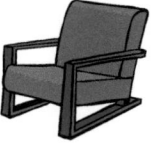

крісло
Naslanjač

книга
Knjiga

ковдра
Odeja

прикраса
Dekoracija

дрова
Drva

фільм
Film

стереосистема
Glasbeni stolp

ключ
Ključ

газета
Časopis

картина
Slika

плакат
Plakat

радіо
Radio

блокнот
Beležka

пилосос
Sesalnik

кактус
Kaktus

свічка
Sveča

кухня
Kuhinja

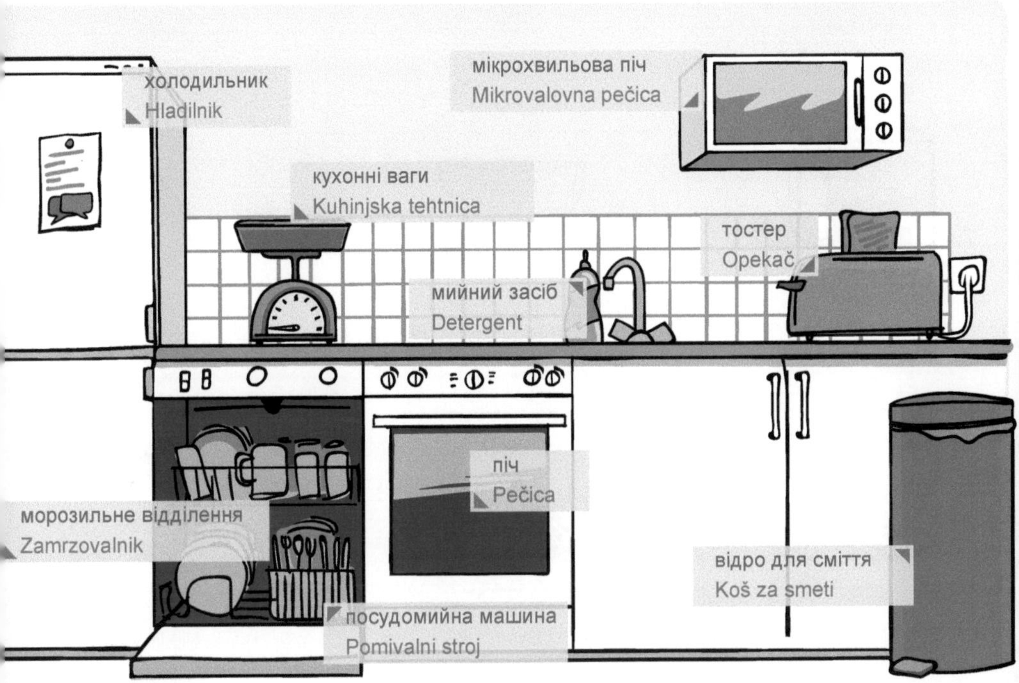
холодильник
Hladilnik
мікрохвильова піч
Mikrovalovna pečica
кухонні ваги
Kuhinjska tehtnica
тостер
Opekač
мийний засіб
Detergent
піч
Pečica
морозильне відділення
Zamrzovalnik
відро для сміття
Koš za smeti
посудомийна машина
Pomivalni stroj

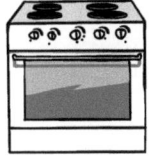

плита

Kozica

горщик

Lonec

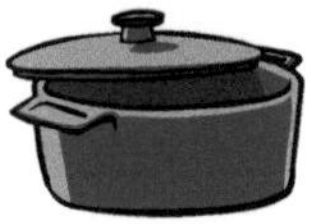

чавунний горщик

Litoželezni lonec

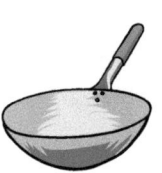

вок / кадай

Vok / kadai

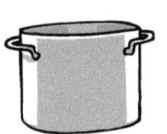

сковорода

Ponev

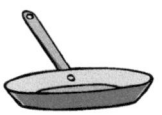

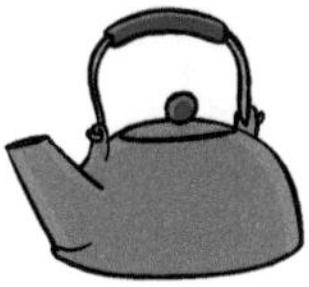

чайник

Kotliček

пароварка

Parni kuhalnik

лист

Pekač

посуд

Posoda

кухоль

Skodelica

чаша

Skleda

палички для їжі

Jedilne paličice

черпак

Zajemalka

лопатка

Lopatica

вінчик для збивання

Metlica

сито

Cedilnik

сито

Cedilo

терка

Strgalo

ступка

Možnar

барбекю

Žar

багаття

Ognjišče

дошка

Deska za rezanje

качалка

Valjar

штопор

Odpirač za steklenice

конзерва

Pločevinka

відкривачка

Odpirač za konzerve

прихватки

Prijemalka za posodo

раковина

Korito

щітка

Ščetka

губка

Goba

міксер

Mešalnik

морозильна камера

Zamrzovalna skrinja

дитяча пляшка

Steklenička

кран

Pipa

ванна кімната

Kopalnica

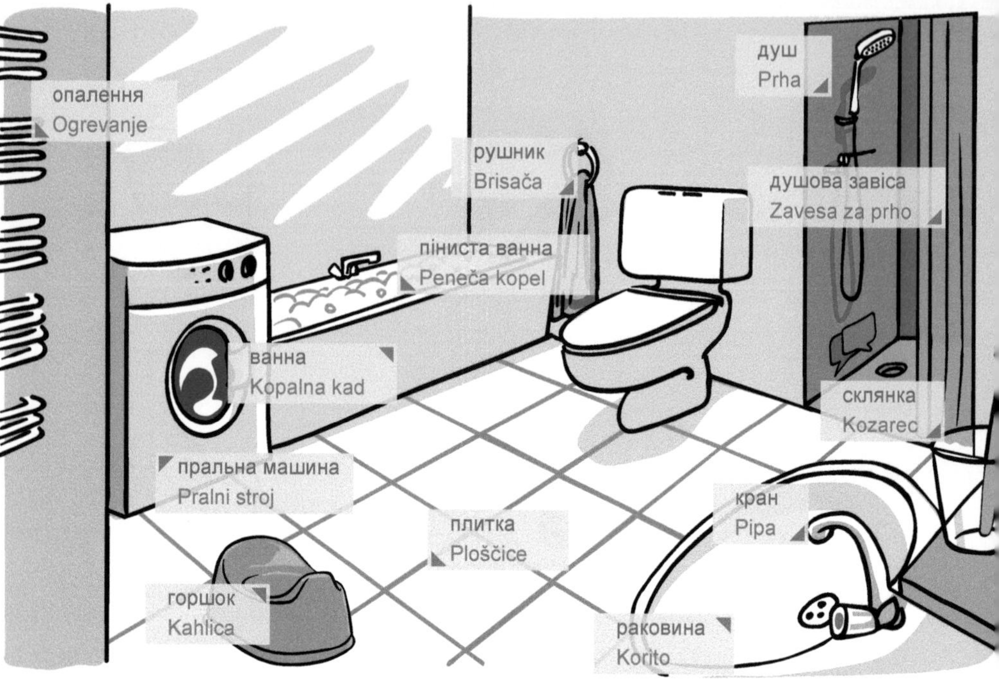
опалення
Ogrevanje
душ
Prha
рушник
Brisača
душова завіса
Zavesa za prho
піниста ванна
Peneča kopel
ванна
Kopalna kad
склянка
Kozarec
пральна машина
Pralni stroj
кран
Pipa
плитка
Ploščice
горшок
Kahlica
раковина
Korito

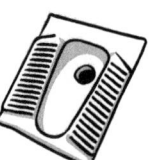

туалет

Stranišče

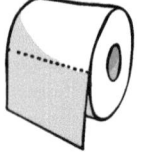

підлоговий туалет

Stranišče na počep

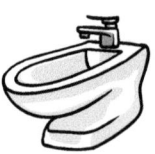

біде

Bide

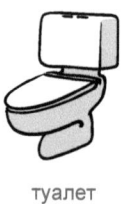

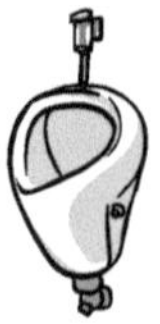

пісуар

Pisoar

туалетний папір

Toaletni papir

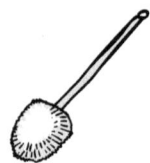

щітка для туалету

Ščetka za straniščno školjko

зубна щітка

Zobna ščetka

зубна паста

Zobna pasta

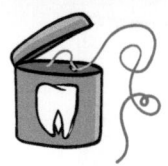

нитка для чищення зубів

Zobna nitka

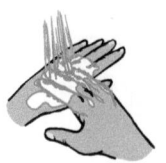

мити

Umiti se

ручний душ

Ročna prha

інтимний душ

Prha za intimne dele

таз

Umivalnik

щітка для спини

Krtača za hrbet

мило

Milo

гель для душу

Gel za prhanje

шампунь

Šampon

мочалка

Krpica za miljenje

водостік

Odtok

крем

Krema

дезодорант

Deodorant

дзеркало

Ogledalo

косметичне дзеркало

Ročno ogledalo

бритва

Britvica

піна для гоління

Pena za britje

лосьйон після гоління

Vodica po britju

гребінь

Glavnik

щітка

Ščetka

фен

Sušilnik za lase

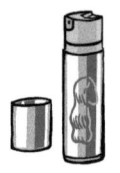

лак для волосся

Lak za lase

косметика

Ličila

губна помада

Šminka

лак для нігтів

Lak za nohte

вата

Vatirane blazinice

ножиці для нігтів

Škarjice za nohte

парфум

Parfum

косметичка

Toaletna torbica

табурет

Stol brez naslonjala

ваги

Osebna tehtnica

халат

Kopalni plašč

гумові рукавички

Gumijaste rokavice

тампон

Tampon

гігієнічні прокладки

Damski vložki

біотуалет

Kemično stranišče

дитяча кімната

Otroška soba

будильник
Budilka
м'яка іграшка
Plišasta igrača
іграшковий автомобіль
Avtomobilček
брязкальце
Ropotuljica
ляльковий будиночок
Hiška za punčke
подарунок
Darilo

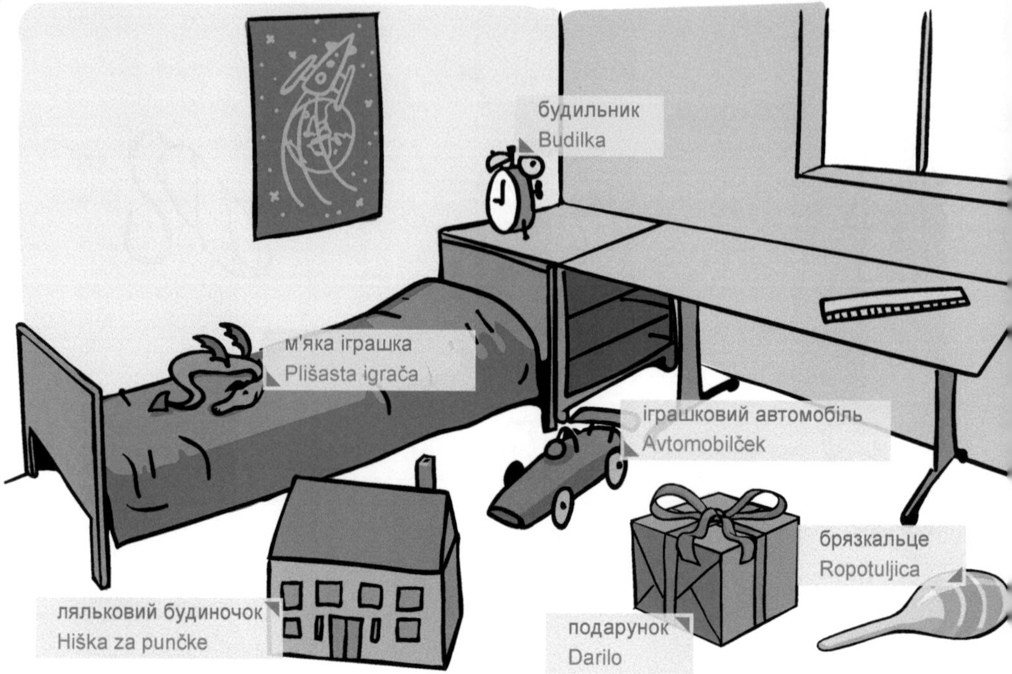

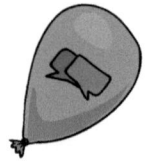

повітряна кулька

Balon

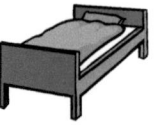

ліжко

Postelja

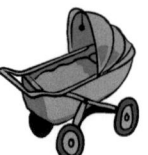

дитячий візок

Otroški voziček

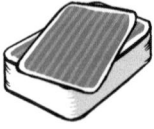

картярська гра

Igralne karte

пазл

Sestavljanka

SUPER MEGA

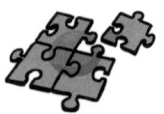

комікс

Strip

лего цеглинки

Lego kocke

блоки

Igralne kocke

іграшкова фігурка

Akcijska figura

повзунки

Bodi

фризбі

Frizbi

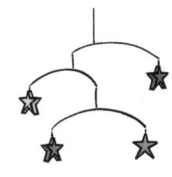

мобіле

Vrtiljak za posteljico

настільна гра

Namizna igra

кубик

Kocka

модель залізнична станція

Komplet modelov vlakov

соска

Duda

вечірка

Zabava

книжка з картинками

Slikanica

м'яч

Žoga

лялька

Lutka

грати

Igrati se

пісочниця

Peskovnik

гойдалка

Gugalnica

іграшка

Igrače

гральна консоль

Igralna konzola

триколісний велосипед

Tricikel

плюшевий мішка

Plišasti medvedek

шафа

Garderoba

одяг

Oblačilo

шкарпетки

Nogavice

панчохи

Samostoječe nogavice

колготки

Hlačne nogavice

шарф
Šal

ремінь
Pas

парасоля
Dežnik

футболка
Majica s kratkimi rokavi

кросівки
Športni copati

чоботи
Škornji

домашнє взуття
Copati

сандалі
Sandali

взуття
Čevlji

гумові чоботи
Gumijasti škornji

труси
Spodnje hlače

бюстгальтер
Modrček

нижня сорочка
Telovnik

одяг - Oblačilo

45

боді

Bodi

штани

Hlače

джинси

Kavbojke

спідниця

Krilo

блузка

Bluza

сорочка

Srajca

пуловер

Pulover

светр

Pletena jopica

піджак

Jopa

куртка

Jakna

пальто

Plašč

дощовик

Dežni plašč

костюм

Kostim

сукня

Obleka

весільна сукня

Poročna obleka

костюм

Obleka

нічна сорочка

Spalna srajca

піжама

Pižama

сарі

Sari

головна хустка

Naglavna ruta

чалма

Turban

бурка

Burka

кафтан

Kaftan

абая

Abaja

купальник

Kopalke

плавки

Kopalne hlače

шорти

Kratke hlače

тренувальний костюм

Trenirka

фартух

Predpasnik

рукавички

Rokavice

гудзик

Gumb

окуляри

Očala

браслет

Zapestnica

ланцюг

Verižica

кільце

Prstan

сережка

Uhan

шапка

Kapa

плічка

Obešalnik

капелюх

Klobuk

краватка

Kravata

застібка-блискавка

Zadrga

шолом

Čelada

підтяжки

Naramnice

шкільна форма

Šolska uniforma

уніформа

Uniforma

одяг - Oblačilo

нагрудник

Slinček

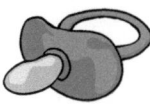

соска

Duda

підгузок

Plenica

офіс
Pisarna

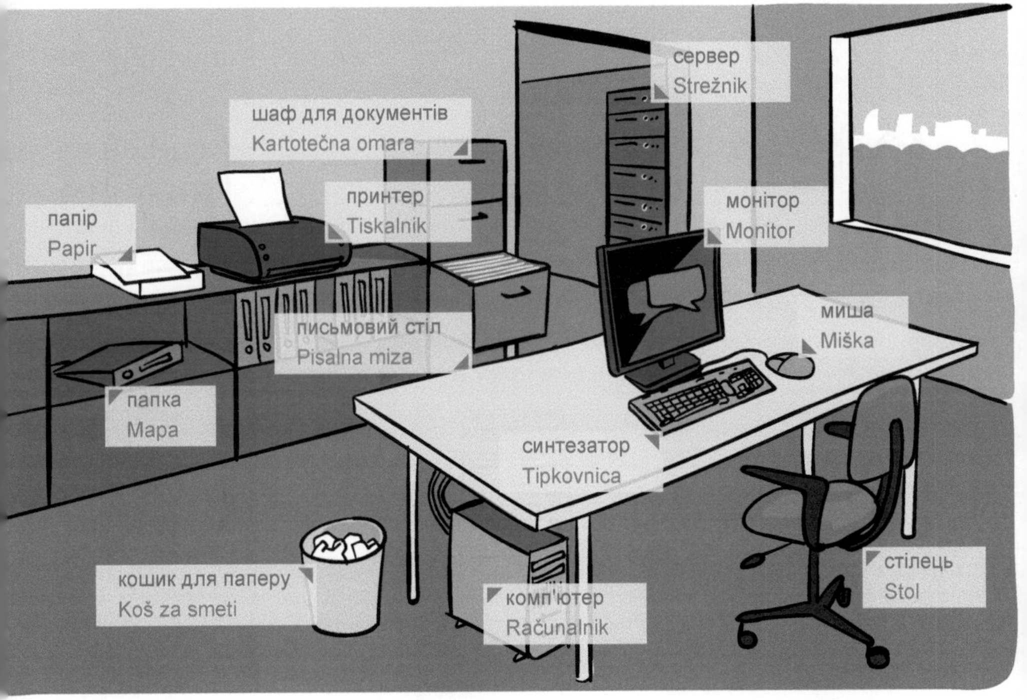

сервер
Strežnik

шаф для документів
Kartotečna omara

принтер
Tiskalnik

монітор
Monitor

папір
Papir

письмовий стіл
Pisalna miza

миша
Miška

папка
Mapa

синтезатор
Tipkovnica

кошик для паперу
Koš za smeti

комп'ютер
Računalnik

стілець
Stol

кавовий кухоль

Lonček za kavo

калькулятор

Kalkulator

інтернет

Internet

ноутбук

Prenosnik

лист

Pismo

повідомлення

Sporočilo

мобільний телефон

Mobilnik

мережа

Omrežje

копіювальний пристрій

Kopirni stroj

програмне забезпечення

Programska oprema

телефон

Telefon

розетка

Vtičnica

факс

Telefaks

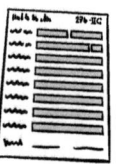

бланк

Obrazec

документ

Dokument

купувати

Kupiti

платити

Plačati

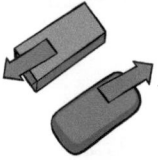

торгувати

Trgovati

гроші

Denar

долар

Dolar

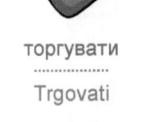

євро

Evro

ієна

Jen

рубль

Rubelj

франк

Švičarski frank

юанів женьміньбі

Kitajski juan renminbi

рупія

Rupija

банкомат

Bankomat

обмінний пункт

Menjalnica

золото

Zlato

срібло

Srebro

нафта

Nafta

енергія

Energija

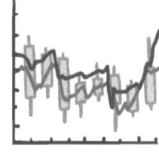

ціна

Cena

контракт

Pogodba

податок

Davek

акція

Delnice

працювати

Delati

працівник

Delojemalec

роботодавець

Delodajalec

фабрика

Tovarna

магазин

Trgovina

поліцейський
Policist

пожежник
Gasilec

повар
Kuhar

лікар
Zdravnik

пілот
Pilot

садівник

Vrtnar

столяр

Mizar

швачка

Šivilja

суддя

Sodnik

хімік

Kemik

актор

Igralec

водій автобуса

Voznik avtobusa

таксист

Taksist

рибалка

Ribič

прибиральниця

Čistilka

покрівельник

Krovec

офіціант

Natakar

мисливець

Lovec

художник

Pleskar

пекар

Pek

електрик

Električar

будівельник

Gradbenik

інженер

Inženir

забійник

Mesar

бляхар

Vodovodni inštalater

листоноша

Poštar

професії - Poklici

солдат
Vojak

архітектор
Arhitekt

касир
Blagajnik

флорист
Cvetličar

перукар
Frizer

кондуктор
Sprevodnik

механік
Mehanik

капітан
Kapitan

дантист
Zobozdravnik

вчений
Znanstvenik

рабин
Rabin

імам
Imam

монах
Menih

пастор
Duhovnik

інструменти

Orodje

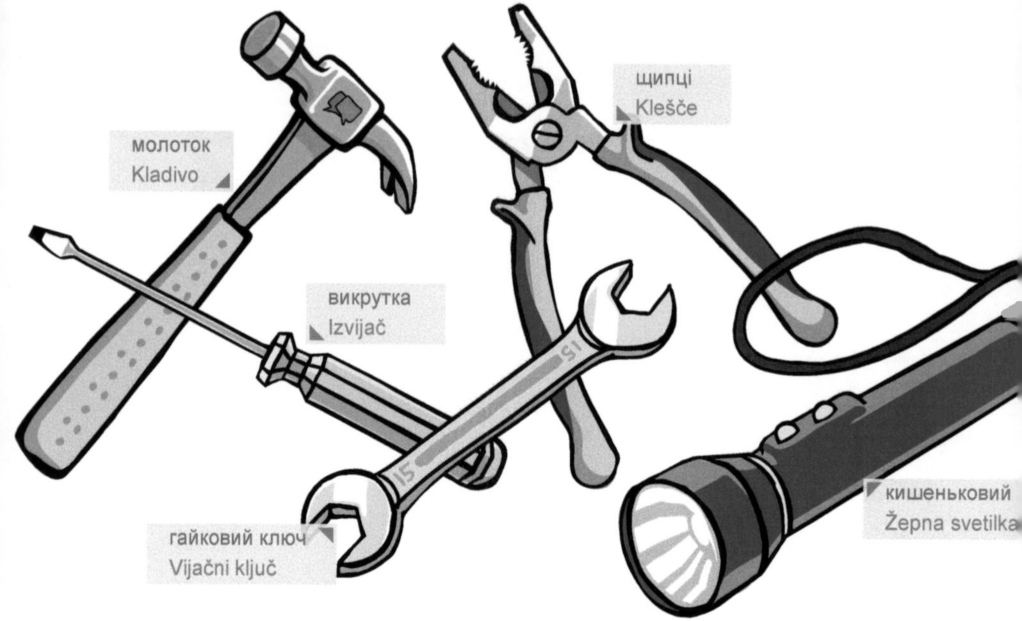

молоток
Kladivo
щипці
Klešče
викрутка
Izvijač
гайковий ключ
Vijačni ključ
кишеньковий
Žepna svetilka

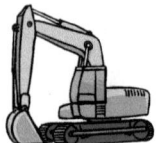

екскаватор

Bager

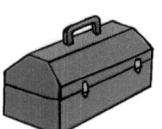

ящик для інструментів

Zaboj z orodjem

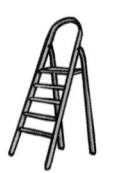

драбина

Lestev

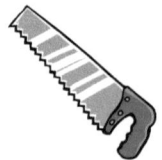

пилка

Žaga

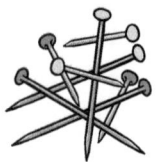

цвяхи

Žeblji

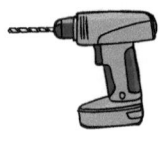

свердло

Vrtalnik

ремонтувати

Popraviti

лопата

Lopata

лайно!

Šment!

совок

Smetišnica

відро з фарбою

Posoda z barvo

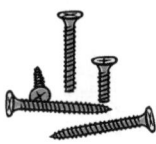

гвинти

Vijaki

музичні інструменти
Glasbeni instrument

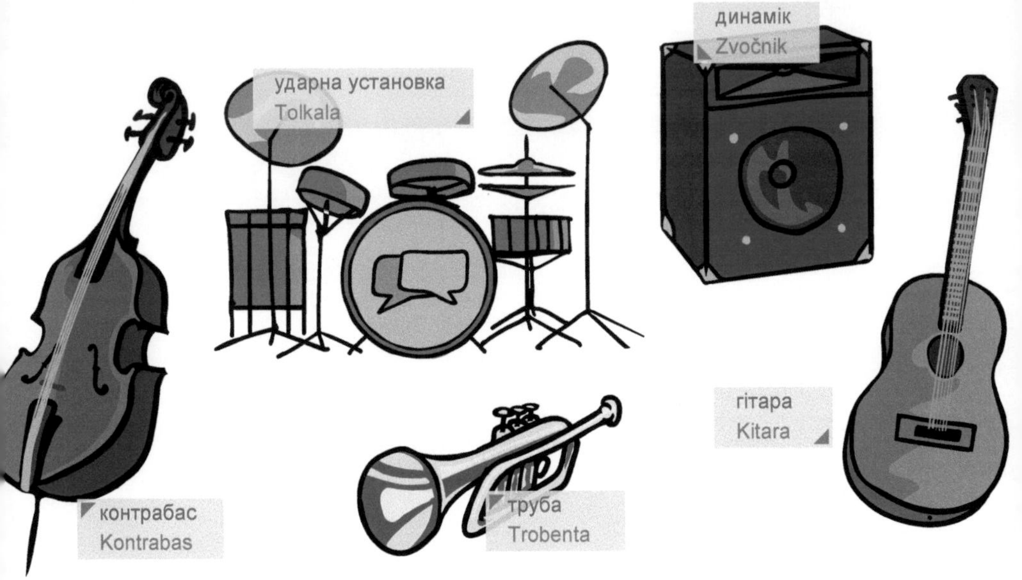

ударна установка
Tolkala

динамік
Zvočnik

гітара
Kitara

контрабас
Kontrabas

труба
Trobenta

фортепіано

Klavir

скрипка

Violina

бас

Bas kitara

литаври

Pavke

барабан

Bobni

клавіатура

Sintetizator

саксофон

Saksofon

флейта

Flavta

мікрофон

Mikrofon

вхід
Vhod

тигр
Tiger

клітка
Kletka

зебра
Zebra

корм
Krma za živali

панда
Panda

тварини
Živali

слон
Slon

кенгуру
Kenguru

носоріг
Nosorog

горила
Gorila

ведмідь
Medved

верблюд

Kamela

страус

Noj

лев

Lev

мавпа

Opica

фламінго

Plamenec

папуга

Papagaj

білий ведмідь

Severni medved

пінгвін

Pingvin

акула

Morski pes

павич

Pav

змія

Kača

крокодил

Krokodil

працівник зоопарку

Oskrbnik v živalskem vrtu

тюлень

Tjulenj

ягуар

Jaguar

поні

Poni

леопард

Leopard

гіпопотам

Povodni konj

жираф

Žirafa

орел

Orel

кабан

Divji prašič

риба

Riba

черепаха

Želva

морж

Mrož

лисиця

Lisica

газель

Gazela

американський футбол
Ameriški nogomet

їзда на велосипеді
Kolesarjenje

теніс
Tenis

баскетбол
Košarka

плавання
Plavanje

бокс
Boks

хокей
Hokej

футбол
Nogomet

бадмінтон
Badminton

легка атлетика
Atletika

гандбол
Rokomet

лижні перегони
Smučanje

поло
Polo

стрибати
Skočiti

обіймати
Objeti

сміятися
Smejati se

йти
Hoditi

співати
Peti

мріяти
Sanjati

молитися
Moliti

цілувати
Poljubiti

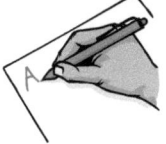

писати

Pisati

малювати

Risati

показувати

Pokazati

тиснути

Potisniti

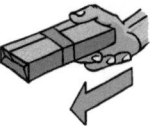

давати

Dati

брати

Vzeti

мати

Imeti

робити

Narediti

бути

Biti

стояти

Stati

бігати

Teči

тягнути

Vleči

кидати

Vreči

падати

Pasti

лежати

Ležati

очікувати

Čakati

носити

Nositi

сидіти

Sedeti

одягати

Obleči se

спати

Spati

просипатися

Zbuditi se

дивитися	плакати	гладити
Gledati	Jokati	Božati

розчісувати	розмовляти	розуміти
Česati se	Govoriti	Razumeti

питати	слухати	пити
Vprašati	Poslušati	Piti

їсти	прибирати	любити
Jesti	Pospraviti	Ljubiti

варити	їхати	літати
Kuhati	Voziti	Leteti

йти під вітрилом

Jadrati

рахувати

Računanje

читати

Brati

вчитися

Učiti se

працювати

Delati

одружуватися

Poročiti se

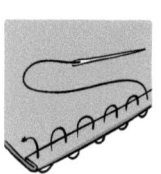

шити

Šivati

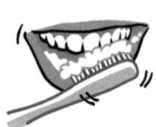

чистити зуби

Ščetkati si zobe

убивати

Ubiti

курити

Kaditi

посилати

Poslati

бабуся
Stara mati

дідуся
Stari oče

батько
Oče

мати
Mati

немовля
Dojenček

донька
Hči

син
Sin

гість

Gost

тітка

Teta

дядько

Stric

брат

Brat

сестра

Sestra

тіло

Telo

чоло
Čelo
око
Oko
плече
Rama
палець
Prst
обличчя
Obraz
підборіддя
Brada
кисть
Dlan
нога
Noga
груди
Prsi
рука
Roka

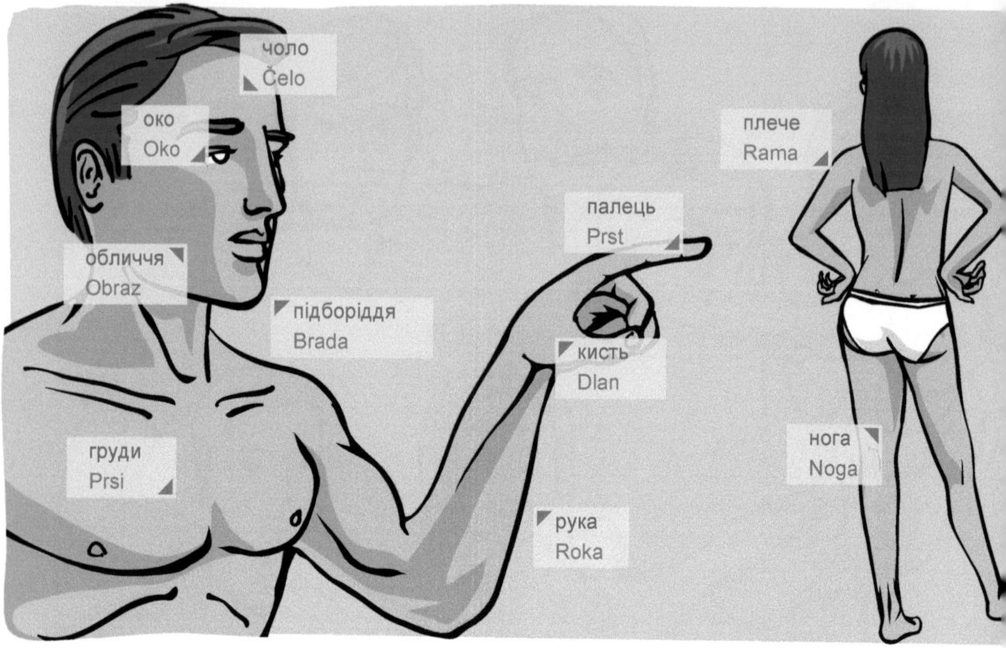

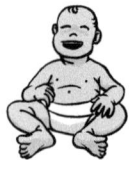

немовля

Dojenček

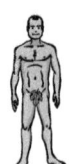

чоловік

Človek

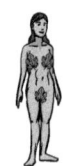

жінка

Ženska

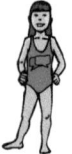

дівчина

Dekle

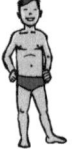

хлопчик

Fant

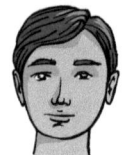

голова

Glava

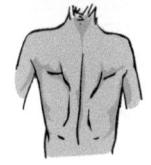

спина

Hrbet

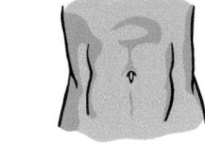

живіт

Trebuh

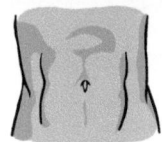

пуп

Popek

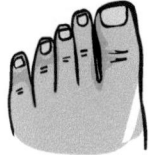

палець ноги

Prst na nogi

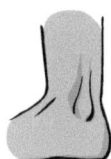

п'ята

Peta

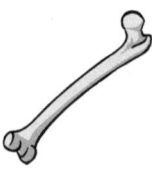

кістка

Kost

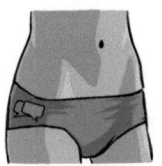

стегно

Kolk

коліно

Koleno

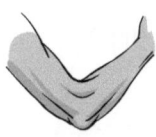

лікоть

Komolec

ніс

Nos

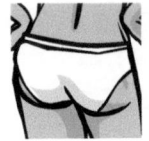

сідниці

Zadnjica

шкіра

Koža

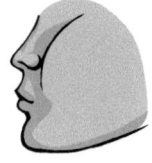

щока

Lice

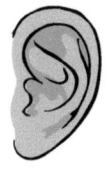

вухо

Uho

губа

Ustnica

рот

Usta

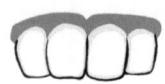

зуб

Zob

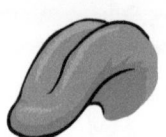

язик

Jezik

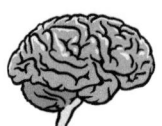

мозок

Možgani

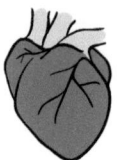

серце

Srce

м'яз

Mišica

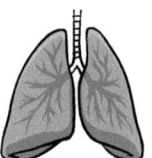

легені

Pljuča

печінка

Jetra

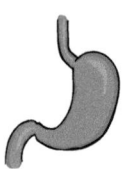

шлунок

Želodec

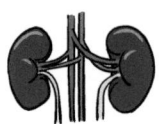

нирки

Ledvice

статевий акт

Spolni odnos

презерватив

Kondom

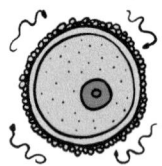

яйцеклітина

Jajčece

сперма

Semenska tekočina

вагітність

Nosečnost

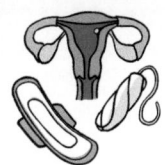

менструація
Menstruacija

вагіна
Vagina

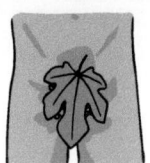

пеніс
Penis

брова
Obrv

волосся
Lasje

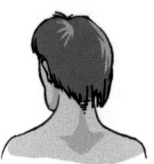

шия
Vrat

лікарня
Bolnišnica

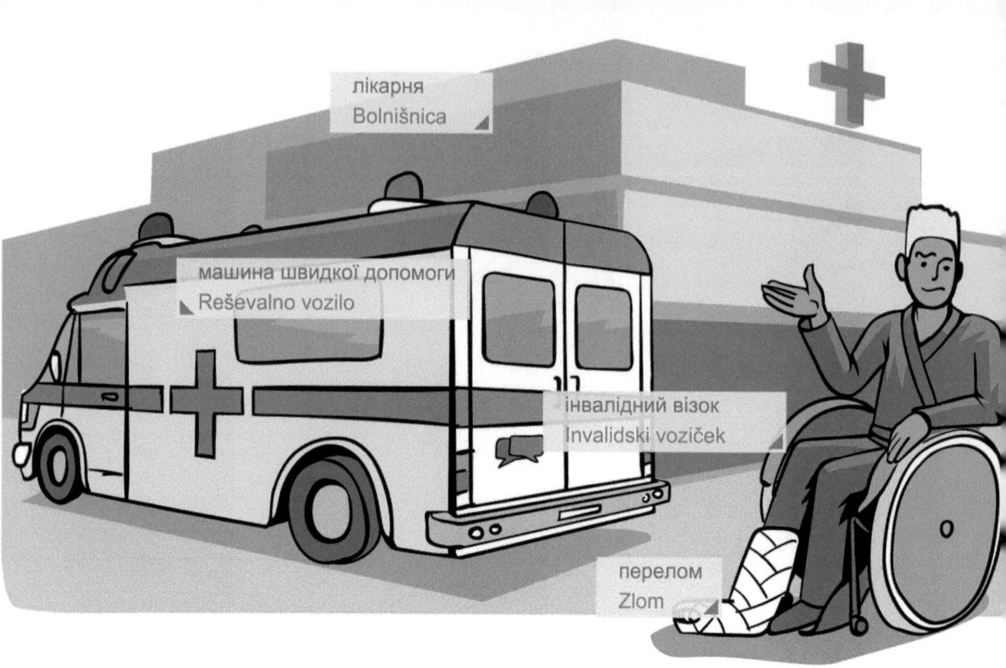

лікарня
Bolnišnica

машина швидкої допомоги
Reševalno vozilo

інвалідний візок
Invalidski voziček

перелом
Zlom

лікар
Zdravnik

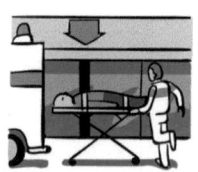

відділення швидкої
медичної допомоги
Urgenca

медсестра
Medicinska sestra

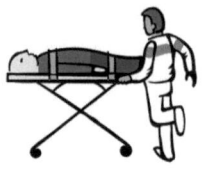

аварійний випадок
Nujni primer

непритомний
Nezavesten

біль
Bolečina

	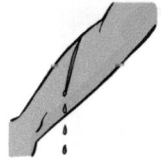	
травма	кровотеча	інфаркт
Poškodba	Krvavenje	Srčni infarkt

інсульт	алергія	кашель
Kap	Alergija	Kašelj

лихоманка	грип	пронос
Vročina	Gripa	Driska
	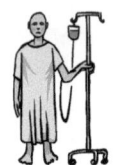	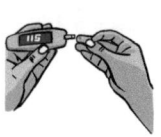
головна біль	рак	діабет
Glavobol	Rak	Sladkorna bolezen

хірург	скальпель	операція
Kirurg	Skalpel	Operacija

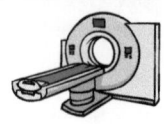

КТ

CT

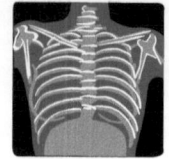

рентген

Rentgen

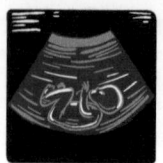

ультразвук

Ultrazvok

маска

Obrazna maska

хвороба

Bolezen

зал очікування

Čakalnica

милиця

Bergla

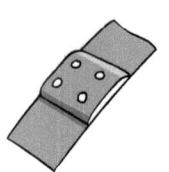

пластир

Obliž

пов'язка

Preveza

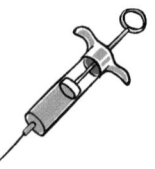

ін'єкція

Injekcija

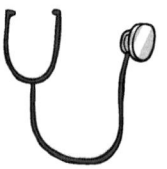

стетоскоп

Stetoskop

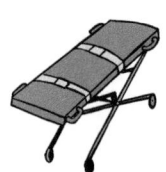

ноші

Nosila

термометр

Klinični termometer

народження

Porod

надмірна вага

Prekomerna teža

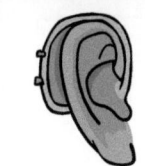

слуховий апарат

Slušni pripomoček

дезінфікуючий засіб

Razkužilo

інфекція

Okužba

вірус

Virus

ВІЛ / СНІД

HIV / AIDS

медицина

Medicina

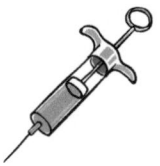

вакцинація

Cepljenje

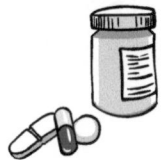

таблетки

Tablete

протизаплідна пігулка

Tableta

екстрений виклик

Klic v sili

тонометр

Merilnik krvnega tlaka

хворий / здоровий

bolano / zdravo

Допоможіть!

Na pomoč!

напад

Napad

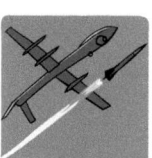

атака

Napad

небезпека

Nevarnost

аварійний вихід

Izhod v sili

Вогонь!

Gori!

вогнегасник

Gasilni aparat

аварія

Nezgoda

аптечка

Komplet za prvo pomoč

СОС

SOS

поліція

Policija

Європа

Evropa

Північна Америка

Severna Amerika

Південна Америка

Južna Amerika

Африка

Afrika

Азія

Azija

Австралія

Avstralija

Атлантика

Atlantski ocean

Тихий океан

Tihi ocean

Індійський океан

Indijski ocean

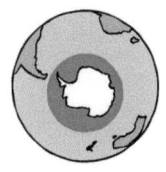

Антарктичний океан

Južni ocean

Північний Льодовитий
океан

Arktični ocean

Північний полюс

Severni tečaj

Південний полюс

Južni tečaj

Антарктика

Antarktika

Земля

Zemlja

суша

Kopno

море

Morje

острів

Otok

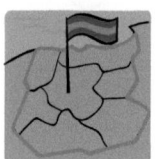

нація

Narod

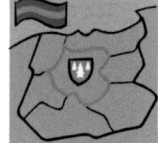

держава

Država

циферблат

Številčnica

годинникова стрілка

Urni kazalec

хвилинна стрілка

Minutni kazalec

секундна стрілка

Sekundni kazalec

Котра година?

Koliko je ura?

день

Dan

час

Čas

зараз

Zdaj

цифровий годинник

Digitalna ura

хвилина

Minuta

година

Ura

тиждень

Teden

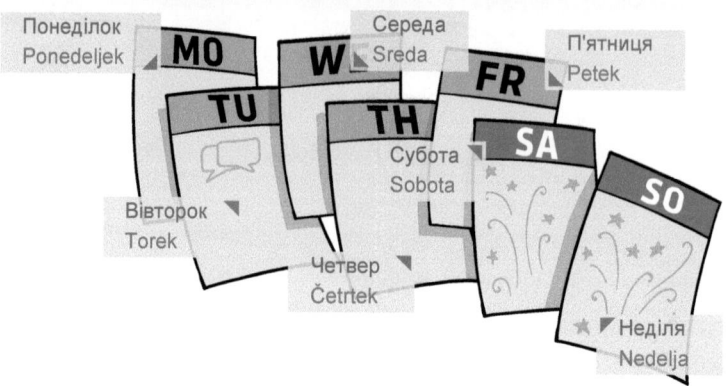

Понеділок
Ponedeljek

Середа
Sreda

П'ятниця
Petek

TU

TH

Субота
Sobota

SA

SO

Вівторок
Torek

Четвер
Četrtek

Неділя
Nedelja

вчора

Včeraj

сьогодні

Danes

завтра

Jutri

ранок

Jutro

опівдні

Poldne

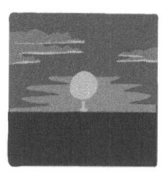

вечір

Večer

MO	TU	WE	TH	FR	SA	SU
1	2	3	4	5	6	7
8	9	10	11	12	13	14
15	16	17	18	19	20	21
22	23	24	25	26	27	28
29	30	31	1	2	3	4

робочі дні

Delovni dnevi

MO	TU	WE	TH	FR	SA	SU
1	2	3	4	5	6	7
8	9	10	11	12	13	14
15	16	17	18	19	20	21
22	23	24	25	26	27	28
29	30	31	1	2	3	4

кінець робочого тижня

Konec tedna

рік

Leto

дощ
Dež
веселка
Mavrica
вітер
Veter
сніг
Sneg
весна
Pomlad
літо
Poletje
осінь
Jesen
зима
Zima

4.APRIL 11°
5.APRIL 4°
6.APRIL 13°
7.APRIL 8°
8.APRIL 10°

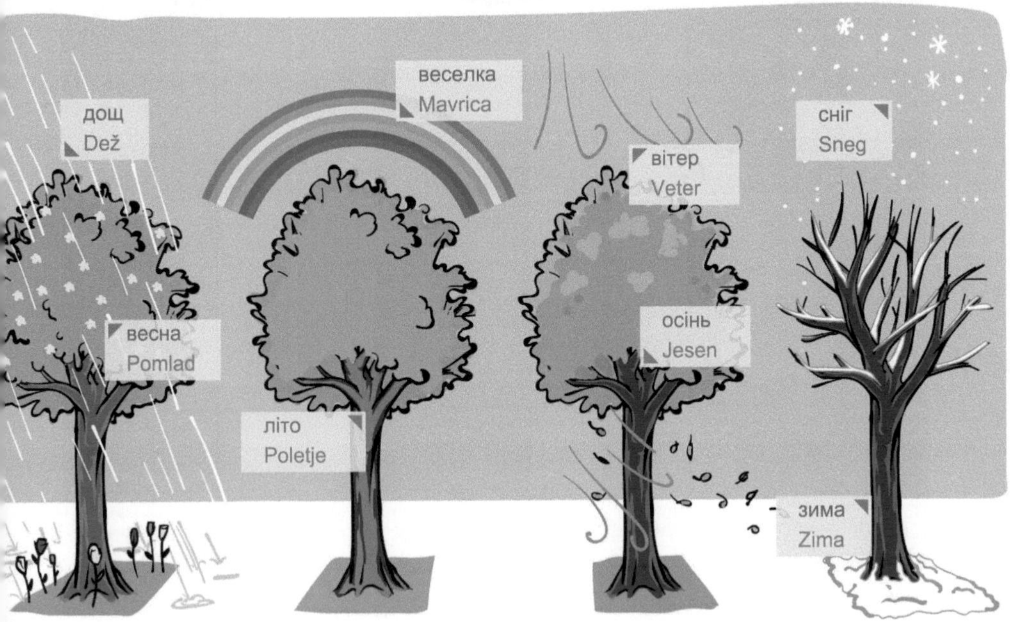

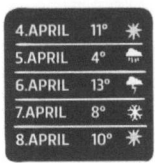

прогноз погоди

Vremenska napoved

F C
120 40
90 30
60 20
30 10
0 0
-30 -10
-20

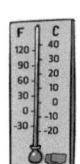

термометр

Termometer

сонячне світло

Sončna svetloba

хмара

Oblak

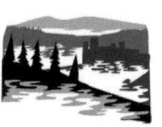

туман

Megla

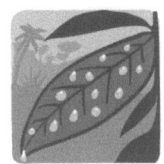

вологість повітря

Vlažnost

блискавка
Strela

грім
Grom

шторм
Nevihta

град
Toča

мусон
Monsun

повінь
Poplava

лід
Led

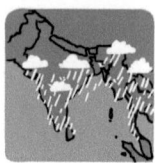

Січень
Januar

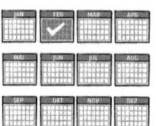

Лютий
Februar

Березень
Marec

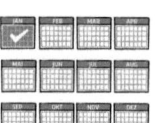

Квітень
April

Травень
Maj

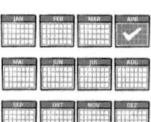

Червень
Junij

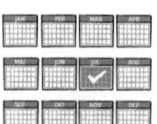

Липень
Julij

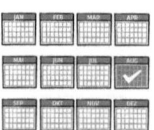

Серпень
Avgust

Вересень

September

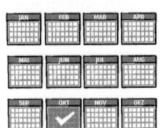

Жовтень

Oktober

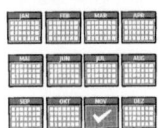

Листопад

November

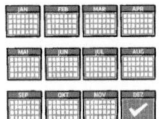

Грудень

December

форми
Oblike

круг

Krogla

квадрат

Kvadrat

прямокутник

Pravokotnik

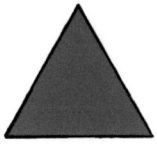

трикутник

Trikotnik

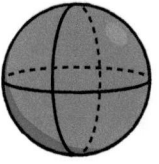

куля

Krogla

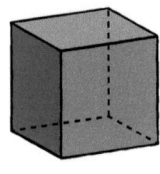

куб

Kocka

білий

Bela

жовтий

Rumena

помаранчевий

Oranžna

рожевий

Rožnata

червоний

Rdeča

фіолетовий

Vijolična

синій

Modra

зелений

Zelena

коричневий

Rjava

сірий

Siva

чорний

Črna

багато / мало

veliko / malo

лютий / мирний

jezno / umirjeno

гарний / бридкий

lepo / grdo

початок / кінець

začetek / konec

великий / малий

veliko / majhno

світлий / темний

svetlo / temno

брат / сестра

brat / sestra

чистий / брудний

čisto / umazano

завершений / незавершений

popolno / nepopolno

день / ніч

dan / noč

мертвий / живий

mrtvo / živo

широкий / вузький

široko / ozko

їстівний / неїстівний

užitno / neužitno

злий / дружній

zlobno / prijazno

збуджений / нудьгуючий

vznemirjeno / zdolgočaseno

товстий / тонкий

debelo / vitko

спочатку / востаннє

prvo / zadnje

друг / ворог

prijatelj / sovražnik

повний / порожній

polno / prazno

жорсткий / м'який

trdo / mehko

важкий / легкий

težko / lahko

голод / спрага

lakota / žeja

хворий / здоровий

bolano / zdravo

незаконний / законний

nezakonito / zakonito

розумний / дурний

pametno / neumno

вліво / вправо

levo / desno

поруч / далеко

blizu / daleč

новий / використаний

novo / rabljeno

нічого / щось

nič / nekaj

старий / молодий

staro / mlado

вкл / викл

vklopljeno / izklopljeno

відкрито / закрито

odprto / zaprto

тихо / гучно

tiho / glasno

багатий / бідний

bogato / revno

правильно / неправильно

prav / narobe

шорсткий / гладкий

grobo / gladko

сумний / щасливий

žalostno / veselo

короткий / довгий

kratko / dolgo

повільно / швидко

počasi / hitro

вологий / сухий

mokro / suho

гарячий / холодний

toplo / hladno

війна / мир

vojna / mir

0	**1**	**2**
нуль	один	два
Ničla	Ena	Dva
3	**4**	**5**
три	чотири	п'ять
Tri	Štiri	Pet
6	**7**	**8**
шість	сім	вісім
Šest	Sedem	Osem
9	**10**	**11**
дев'ять	десять	одинадцять
Devet	Deset	Enajst

12

дванадцять

Dvanajst

13

тринадцять

Trinajst

14

чотирнадцять

Štirinajst

15

п'ятнадцять

Petnajst

16

шістнадцять

Šestnajst

17

сімнадцять

Sedemnajst

18

вісімнадцять

Osemnajst

19

дев'ятнадцять

Devetnajst

20

двадцять

Dvajset

100

сто

Sto

1.000

тисяча

Tisoč

1.000.000

мільйон

Milijon

англійська

Angleščina

американська англійська

Ameriška angleščina

китайська
високочиновницька

Mandarinščina

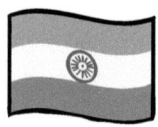

хінді

Hindujščina

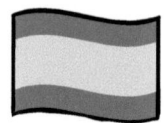

іспанська

Španščina

французька

Francoščina

арабська

Arabščina

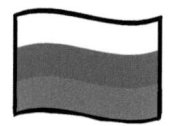

російська

Ruščina

португальська

Portugalščina

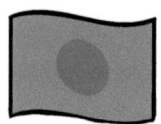

бенгальська

Bengalščina

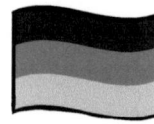

німецька

Nemščina

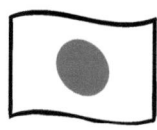

японська

Japonščina

я

Jaz

ти

Ti

він / вона / воно

On / ona / tisto

ми

Mi

ви

Vi

вони

Oni

хто?

Kdo?

що?

Kaj?

як?

Kako?

де?

Kje?

коли?

Kdaj?

ім'я

Ime

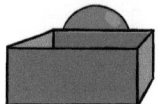

ззаду

Zadaj

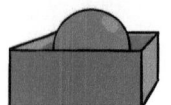

в

V

перед

Pred

над

Nad

на

Na

під

Pod

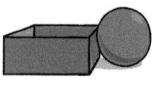

біля

Poleg

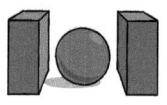

між

Med

місце

Kraj